RECHERCHES

SUR

LA VÉRITÉ SOCIALE.

BAYEUX,

Imprimerie de St-Ange DUVANT fils et Cie.

1849.

RECHERCHES

sur

LA VÉRITÉ SOCIALE.

Bayeux.— Imprimerie de St.-Ange Duvant fils et Ce.

RECHERCHES

SUR

LA VÉRITÉ SOCIALE.

I.

DÉFINITION DU SOCIALISME.

Le socialisme n'est pas, comme beaucoup de personnes le supposent, la même chose que le communisme. Le socialisme est l'art de constituer une société. Le communisme n'est qu'une des nombreuses variétés de cet art ; de sorte qu'un communiste est toujours socialiste, mais un socialiste n'est pas toujours communiste.

Ainsi les constituants de 1789 étaient socialistes, parce qu'ils ont changé la constitution sociale du pays, et ils n'étaient pas communistes. Les Saint-Simoniens étaient socialistes et non communistes, puisqu'ils avaient pour maximes *à chacun selon son mérite ; au mérite selon ses œuvres.*

Les disciples de Fourrier, les disciples de Cabet ne sont pas non plus des communistes comme on l'entend généralement, quoiqu'ils soient socialistes.

On peut faire ressortir mieux encore la différence qui existe entre ces deux mots, en faisant observer qu'un législateur qui établirait aujourd'hui notre société sous le régime féodal ferait du socialisme, serait socialiste, et pourtant il serait aux antipodes du communisme.

II.

LOGIQUE DU SOCIALISME.

Dieu a donné à l'homme une existence soumise à des appétits matériels et il lui a donné la terre pour les satisfaire. « — C'est là, dit le prolétaire, une vérité incontestable. Eh bien, lorsque je suis né, c'est-à-dire lorsque Dieu m'a envoyé prendre ma place dans la création, le sol de ma patrie était occupé. J'ai réclamé cette place, celle que le créateur a entendu me réserver et l'on m'a répondu que j'arrivais trop tard ; que la terre était légitimement possédée dans son entier en vertu des lois dérivant du contrat social.

Dois-je donc mourir pour ne pas manquer à votre contrat social ; mais si je meurs avant le terme j'aurai manqué à la loi de Dieu qui m'a créé pour que j'existe. Votre contrat social qui me force à mourir est donc contraire à la loi divine ; il est donc mauvais.

— Tu n'es pas forcé de mourir parce que tu ne possèdes pas de terre répond le propriétaire ; j'en possède, moi, plus que je n'en puis cultiver ; viens m'aider dans ma culture et je te donnerai l'existence que tu cherches. Je rémunérerai ton travail à sa juste valeur et si tu vis d'une vie sobre et laborieuse, si tu te retranches le superflu, tu pourras avec les produits accumulés de tes labeurs acheter un jour une portion du sol que tu laisseras à tes fils. »

Le prolétaire a accepté cette offre du propriétaire et il est devenu propriétaire à son tour, et sa famille a prospéré et a multiplié pendant plusieurs générations.

L'héritage cultivé par plus de bras multipliait les produits ; mais enfin un jour arriva où la famille croissant toujours et le patrimoine n'étendant pas

ses limites, il devint insuffisant pour tous les descendants du premier prolétaire. Alors l'un de ses descendants s'éloigna avec ses fils pour aller,
comme l'avaient fait ses aïeux, demander une place chez un propriétaire
riche et l'aider à cultiver sa terre.

Mais la population dans le pays s'était accrue partout à cause d'une longue
paix et le nouveau prolétaire trouva toutes les places prises. Tous les grands
cultivateurs avaient des fermiers et ces fermiers avaient des serviteurs.

Il rencontra sur sa route une manufacture de produits industriels et il y
demanda du travail. Beaucoup d'autres y étaient déjà venus et avaient aussi
demandé du travail. Cependant on lui en donna. Il fit comme avait fait son
aïeul, il travailla beaucoup et vécut avec parcimonie, et il devint riche, et
il construisit à son tour une grande manufacture qu'il laissa à ses fils.

Ceux-ci devinrent riches à leur tour et firent plusieurs manufactures qui
donnèrent du travail aux fils des ouvriers. Les manufactures se multiplièrent
et les ouvriers se multiplièrent aussi avec les générations et la production
des manufactures se multiplia plus encore, et à tel point qu'il y eut encom-
brement de produits industriels. Alors le travail fut suspendu et les ouvriers
se trouvèrent sans ouvrage, et il y eut chômage forcé.

Alors ceux-ci comprirent qu'il fallait faire des économies dans les bons
jours pour n'être pas pris au dépourvu dans les jours de chômage et ils mi-
rent de l'argent dans les caisses d'épargne. Ce moyen fut efficace pendant
longtemps. Cependant : le pays était toujours en paix, la terre bien culti-
vée donnait des produits d'une excellente qualité, les produits manufacturés
étaient à bon marché ; de sorte que les ouvriers vivant bien et étant bien
vêtus, leur race se fortifiait et se multipliait à l'infini.

Comme le peuple des campagnes et des villes multipliait aussi, la con-
sommation des produits manufacturés et la demande de ces produits aug-
mentait aussi, ce qui donnait du travail aux ouvriers.

Mais comme les produits des manufactures ne s'acquéraient qu'en échange
des produits de la terre ou de leur équivalent en métaux et papiers, l'achat
des produits manufacturés avait pour limite la quantité disponible des produits de la terre, prélèvement fait de la nourriture du peuple des campagnes,
et comme le pays ne s'agrandissait pas et que l'amélioration de la culture
ne suffisait pas et ne pouvait suffire par multiplier indéfiniment les produits
de la terre, comme le soleil ne continuait à ne mûrir qu'une récolte dans
l'année, les produits agricoles disponibles, tout en s'accroissant, ne s'accru-
rent pas en raison de la population générale du pays ; de sorte que les chômages des établissements industriels devinrent plus fréquents. Et comme la
population allait toujours croissant et que la concurrence rendait les ouvriers
plus faciles dans la fixation des prix de journées, bientôt ils ne furent plus
assez payés pour faire des économies destinées à procurer la subsistance
pendant les chômages. Alors les ouvriers se mutinèrent et trouvèrent mauvais le contrat social qui les exposait à de trop grandes privations.

Avant que cette extrémité ne fût advenue, des hommes clairvoyants qui
l'avaient pressentie avaient conseillé au gouvernement du pays de porter les
produits manufacturés dans les colonies et de prendre en échange du blé et
d'autres aliments. Mais dans des temps malheureux le pays avait perdu
presque toutes ses colonies ; d'autres nations les lui avaient prises. Les
mêmes hommes clairvoyants conseillèrent alors de saisir toutes les occa-
sions de conquérir des colonies nouvelles ; le gouvernement fit des conquêtes
sur des nations barbares et n'en sut tirer aucun parti. Les mêmes hommes
clairvoyants se plaignirent encore de l'imprévoyance du gouvernement et ils
voulaient qu'on saisît tout prétexte de faire la guerre et de conquérir de
bonnes colonies. Pour toucher les incapables qui ne comprenaient pas la
grande raison d'état, la nécessité de préparer la nourriture du peuple, ils
cherchèrent à remuer des souvenirs de gloire et à toucher les cœurs à l'en-
droit de l'honneur national. Mais comme les conseillers ne pouvaient faire

que par eux-mêmes l'application de leurs conseils. et devaient viser au pouvoir, on rejeta leurs bons avis en disant qu'ils étaient dictés par l'ambition et non par la vérité, et l'on passa outre et le peuple ouvrier continua à multiplier et à s'approcher de plus en plus du terme fatal où le travail viendrait à lui manquer ; et comme les mêmes hommes clairvoyants lui firent entrevoir l'avenir, il commença à se mutiner plus sérieusement.

Alors il y eut des citoyens qui conseillèrent d'instruire le peuple pour le moraliser ; et l'on instruisit le peuple. Mais la clef de la science est perfide et n'ouvre pas seulement le coffre de ses trésors. Les lettres de l'alphabet qui servent à écrire les bons livres servent aussi à écrire les mauvais livres ; de sorte que, chacun pouvant suivre ses inspirations, il y eut des hommes qui écrivirent de mauvais livres, et ceux qui avaient appris à lire dans les bons purent aussi lire dans les mauvais, ce qu'ils firent ; de sorte que l'instruction servit à propager les idées pernicieuses aussi bien que les idées moralisatrices. De plus les hommes clairvoyants qui montraient au gouvernement ses fautes, purent être lus par un peuple nombreux et être compris, et se former ainsi un appui important dans la nation ; la science fut donc une arme de plus aux mains de ceux qui étaient assez malheureux pour se plaindre du contrat social et pour l'attaquer.

Cependant les hommes du gouvernement laissant le peuple se multiplier sans faire ce que lui avaient conseillé les hommes clairvoyants, ceux-ci tentèrent sérieusement de prendre le pouvoir pour faire ce qu'ils avaient conseillé : ils y réussirent ; mais ils oublièrent de réaliser les conseils qu'ils avaient donnés. Et d'autres hommes clairvoyants les attaquèrent à leur tour, les firent tomber et les remplacèrent ; mais ils oublièrent encore à leur tour les promesses qu'ils avaient faites.

Pendant ces successions de gouvernement le pays eut une monarchie légitime, une république un empire, revint à la monarchie légitime, essaya d'une monarchie élective et retourna ensuite de nouveau dans la république.

Chaque gouvernement en passant au pouvoir se fit des partisans ; de sorte qu'il y avait des légitimistes, des quasi-légitimistes, des impérialistes et des républicains. Il y eut aussi des hommes qui. voyant que sous aucun de ces régimes politiques on n'avait songé à porter remède aux inquiétudes de la société, pensèrent que le mal était social et non politique, et que le contrat social était mal fait. Il y en eut aussi quelques-uns qui pensèrent que le contrat social pouvait être en partie maintenu, mais qu'il était nécessaire que ceux qui possédaient le sol en vertu de ce contrat, et qui gouvernaient la société, fissent quelque chose pour assurer l'existence, c'est-à-dire le travail qui donne l'existence au peuple qui ne possédait pas, et ils demandèrent le droit au travail. D'autres voulant conserver le contrat social cherchèrent à distraire le peuple par une guerre de propagande politique.— D'autres voulant encore conserver le contrat proposaient de transporter une partie du peuple dans les colonies.

Mais comme au milieu de tous ces avis les conseillers se disputaient le pouvoir et le droit de sauver le pays, le temps se passa en choses personnelles à ces hommes et le pays continua toujours à souffrir, et aucun remède ne fut appliqué.

Chaque fois que le pays changea de gouvernement, il continua de se trouver malheureux, et s'il continua ainsi, c'est que son infortune n'était pas due à la forme de son gouvernement, mais à l'inertie de ce gouvernement. Et alors le peuple voyant que le changement de politique ne changeait pas son existence, se prit à croire que la société était mal faite et qu'il fallait la détruire ; car dans son bon sens il juge que la société doit être organisée pour que l'homme soit plus heureux sous les lois de la société que sous l'arbitraire de l'état barbare ; et s'il est plus malheureux dans le premier que dans le second, il préfère retourner au second.

Or l'homme est plus malheureux dans l'état civilisé que dans l'état barbare, toutes les fois qu'il n'obtient sa nourriture que par des moyens trop précaires ou trop incertains. Ainsi donc, quand cela arrive, il est disposé à retourner à l'état barbare et à détruire la civilisation dont il se regarde comme victime, sauf à en recommencer une autre, ainsi qu'il est conforme à ses tendances naturelles. L'homme sauvage est quelquefois affamé lui aussi, mais il a les chances de la guerre pour espérance. Une peuplade devient-elle nécessiteuse, elle se jette sur le territoire d'une peuplade voisine et lui dispute son existence. Victorieuse, elle s'empare de ses terres et de ses bestiaux ; battue, elle est amoindrie et a des besoins moins étendus. Mais dans une nation civilisée, l'homme de la classe pauvre ne peut pas offrir le combat à un homme de la classe riche pour lui disputer son bien-être ; car il manquerait au contrat social. Il faut donc qu'il souffre pendant qu'il voit l'aisance à côté de lui, chez son voisin. Cette souffrance là est bien plus cruelle que celle du sauvage qui expose sa vie dans un combat, et c'est pour cela que l'homme du peuple, quand il est trop malheureux, préfère l'état sauvage ou barbare à l'état civilisé, et trouve le contrat social mal fait.

Un contrat social ne peut donc être trouvé bon par la généralité des contractants qu'autant qu'il ne blesse presqu'aucuns d'eux dans son droit de vivre. Une société ne peut donc se sauver qu'autant qu'elle possède les moyens de sauver la vie à tous ses membres. Réciproquement, elle est sûre de son salut tant qu'elle peut assurer au peuple la vie simple et honnête, parce que l'existence la plus simple dans une nation civilisée est véritablement heureuse en comparaison de celle d'un homme sauvage ou barbare. La vie matérielle est en effet également sauve et de plus il y a la sécurité.

Dans l'état sauvage et barbare, la vie est un droit naturel que l'homme maintient par la chasse, la pêche et l'entretien des troupeaux. Dans la société civilisée la vie est un droit que l'homme doit maintenir par l'exercice du contrat social, et s'il ne trouve pas l'existence dans l'observation de ce contrat, il le trouvera mauvais et il tâchera de le détruire. Le moment de sa destruction arrivera quand le nombre de ceux qui la veulent, centuplé par la force que donne le désespoir, suffira pour vaincre ceux qui ont encore une existence assurée dans l'exercice du contrat.

III.

LE SOCIALISME EN FRANCE.

Ce que nous venons de dire est l'expression vraie de ce qui s'est passé et de ce qui se passe en France, et aussi de ce qui y adviendra si l'on n'y porte remède.

Si un père de famille possède un patrimoine de 600 francs de rente et s'il a deux enfants, il pourra en le leur léguant leur donner une existence assurée. Mais si au lieu d'avoir deux enfants il en a quatre il est évident qu'il ne leur laissera pas une existence assurée par le patrimoine seul. Le patrimoine qui peut nourrir deux enfants peut n'en pas nourrir quatre. Si la famille s'étend il faut que le patrimoine s'étende soit par le sol, soit par le travail.

Eh bien ce qu'on dit d'une famille peut s'appliquer partiellement à la France. La terre qui a fait vivre pendant des siècles 15 à 20 millions d'habitants peut ne pas suffire à en faire vivre 35 à 40. Les débouchés qui ont suffi à l'écoulement et à l'échange des produits pour 15 à 20 millions d'habitants peuvent ne pas suffire pour 35 à 40.

On répond à cela qu'il y a encore beaucoup de terres incultes ; mais on se trompe. Il n'y a d'inculte que les terres de mauvaise qualité. Qu'on essaie donc de cultiver les montagnes et côteaux granitiques de la Creuse ! Qu'on essaie de faire produire à certaines terres plus d'une fois tous les six ou sept ans ! Il faudrait pour cela des engrais ; mais le principal engrais ne peut être donné que par le bétail et le bétail ne peut faire d'engrais là où il ne trouve pas à vivre. On ne trouve pas partout les engrais minéraux (la chaux) et les engrais maritimes, et il y a une limite de distance au-delà de laquelle on ne peut les transporter. Et bien, en admettant même qu'on puisse améliorer certaines terres, on ne ferait que reculer la limite de ce moment suprême où un sol d'une étendue limitée se refusera à nourrir une population qui prend un accroissement sans limites, et cet accroissement sans limites est le résultat inévitable d'une société qui vit et veut vivre continuellement en état de paix, qui ne veut pas faire de conquêtes, qui ne songe pas à émigrer et à fonder des colonies et à étendre ses moyens d'échange.

Quand la population commence à s'accroître au-delà des proportions voulues par la force productive du sol ou par le débouché possible des produits industriels, il faut ou qu'on accroisse le sol ou qu'on accroisse les débouchés et les voies d'échange.

Et comme on ne peut acccroître le sol ni conquérir des marchés et des moyens d'échange que par la guerre il faut faire la guerre.

Si la nation qui ne possède plus assez pour nourrir ses enfants ne fait pas la guerre au dehors pour étendre ses possessions ou ses moyens d'échange et donner la vie à tous ses enfants, alors ceux qui n'ont plus d'existence assurée feront la guerre au dedans à ceux qui ont une existence assurée pour la leur dérober ou la partager avec eux. N'est-ce pas là la loi de nature ? Qui oserait le nier.

Si cédant à cette loi le pauvre veut dérober au riche il le condamnera selon les lois d'exception de la guerre civile et la société diminuée pourra recommencer à vivre encore avec son ancien contrat.

Si le pauvre veut seulement prendre sa part d'existence sans faire mourir le riche, il refera le contrat social et il partagera avec le riche, soit par un partage direct, soit par une action indirecte d'impôts ruineux ; mais ce remède ne sera qu'un palliatif ; car il n'augmentera pas la surface du sol et le sol ne produira pas davantage, et s'il produit davantage par un morcellement nouveau, ce morcellement et cette production auront eux-mêmes de très-prochaines limites et la crise ne sera que reculée. Qu'importe à l'ouvrier de semer et récolter son blé lui-même ou de le recueillir de la main d'un autre en échange d'un vêtement ou d'un produit quelconque de son industrie. Ce n'est pas parce qu'il cultivera lui-même la terre et qu'il en possédera un morceau que le sol de la patrie produira davantage et pourra nourrir demain après le partage plus de monde qu'il n'en nourrissait hier avant le partage.

Ainsi la refonte du contrat social qui aurait pour but le partage de la terre et qui n'augmenterait pas ses produits ou les moyens d'échange ne serait qu'un palliatif insignifiant, qu'un leurre sans lendemain, et il en faudrait venir à se faire une guerre civile à outrance, une guerre à mort pour que celui qui ne possède pas puisse non pas partager avec celui qui possède mais prendre sa place.

Eh bien ne vaut-il pas mieux faire une guerre étrangère qu'une guerre civile. Ne vaut-il pas mieux agrandir le sol par la conquête, en augmenter la richesse par l'augmentation des moyens d'échange que de faire la guerre civile. Mais on ne peut agrandir le sol qu'en prenant à un autre peuple une partie de son sol, et pour cela il faut lui faire la guerre ; on ne peut augmenter les moyens d'échange qu'en ravissant à un autre peuple une partie des siens et ce genre de conquête ne peut se faire non plus que par la guerre.

On pourrait y pourvoir par ce qu'on appelle le libre échange, c'est-à-dire la liberté absolue et illimitée du commerce sans aucun droit de douanes ; mais ce libre échange ne peut lui-même s'acquérir que par la guerre, car pour qu'il s'obtienne par la paix, il faudrait un concert, un accord de toutes les nations de la terre ; et cet accord est pratiquement irréalisable par les voies pacifiques, tant son champ est vaste et sans limites.

C'est donc, ou la guerre étrangère, ou la guerre civile ; ou la conquête d'une nation sur une nation étrangère, ou la conquête intérieure du pauvre sur le riche ; ou l'agrandissement du pays victorieux ou sa gangrène intestine.

Sans doute on n'est pas toujours victorieux, on ne conquiert pas toujours les champs de bataille, mais une nation courageuse comme la France y moissonne toujours d'immortels lauriers.

Dans une guerre civile, quelque soit le parti vainqueur la nation est toujours vaincue ; dans une guerre étrangère elle a le brillant espoir, souvent réalisé, d'être victorieuse ; elle n'est pas toujours vaincue.

Certes nous ne voulons pas préconiser la guerre, nous pensons qu'elle est un grand fléau ; mais quelque grand qu'il soit, il est moins grand dans les combats entre nations étrangères que dans les combats entre citoyens d'une même nation.

IV.

MOYEN DE PRÉVENIR LA RECONSTRUCTION DU CONTRAT SOCIAL EN FRANCE. — COLONIES.

La France est entrée dans cette voie en faisant la conquête de l'Algérie, et la guerre n'est plus à faire pour elle ; mais elle n'a pas su tirer parti de sa conquête.

Si, dans la guerre d'Algérie, elle n'a prodigué le sang de ses fils que pour en diminuer le nombre encombrant, elle a agi dans une pensée cruelle et coupable. Si elle l'a versé pour créer une place à d'autres enfants qui se trouvent malheureux, elle a agi avec l'intention d'être prévoyante et sage. Malheureusement ceux qui la gouvernent se sont distraits dans leurs luttes personnelles ou se sont endormis dans la contemplation pure et simple de leurs intentions bienveillantes.

Mais le peuple qui souffre ne dort pas. Mais le peuple qui grandit et qui multiplie pendant que son sol se rétrécit, puisqu'il ne s'étend pas ; mais le peuple qui est pauvre et auquel on ne donne pas cette terre conquise pour l'enrichir et étendre son sol ; le peuple qui est pauvre et qui voit à côté de lui des riches ; le peuple enfin qui sent la détresse arriver et qui voit qu'on ne s'occupe pas de lui ; auquel on dit qu'on ne peut faire davantage pour lui ; le peuple trouve que le contrat social est mauvais et il veut le refaire.

Le peuple dont je parle est une minorité sans aucun doute et il faut bien que cela soit, car s'il était majorité la révolution qu'il veut faire serait déjà faite. Attendra-t-on qu'il devienne majorité pour prévenir le mal dont la pente est si rapide.

Que la France colonise donc l'Algérie, qu'elle la colonise avec ses propres habitants et qu'elle ne craigne pas de refouler les barbares dans le centre de l'Afrique pour faire place à ses propres fils.

Pour apprendre comment il se fait que la France a été impuissante à coloniser nous allons lire ensemble l'histoire :

« Quand, dans l'un des états de l'ancienne Grèce, la population s'était accrue au-delà de ce que le territoire pouvait aisément faire subsister, on envoyait une partie du peuple chercher une patrie dans quelque contrée lointaine. Les nations guerrières dont ils étaient entourés de toutes parts ne permettaient guère à aucun de ces états de pouvoir agrandir son territoire autour de soi. Les colonies se rendaient dans l'Italie, dans la Sicile, dans l'Asie-Mineure et dans les îles de la mer Égée dont les habitants étaient à cette époque entièrement barbares. Quoique la mère patrie regardât la colonie comme un enfant qui avait droit en tout temps à ses secours et à ses préférences, et qui lui devait en retour beaucoup de reconnaissance et de respect, cependant c'était à ses yeux un enfant émancipé, sur lequel elle ne prétendait réclamer aucune autorité ni juridiction directe. La colonie établissait les formes de son gouvernement, portait ses lois, choisissait ses magistrats et faisait la paix ou la guerre avec ses voisins, comme un état indépendant, sans avoir besoin d'attendre l'approbation ou le consentement de la métropole. Il n'y a rien de plus simple et de plus évident que l'intérêt qui dirigea ces peuples dans chaque établissement de ce genre. Ainsi paraît-il que les progrès de la plupart des anciennes colonies grecques, en agrandissement et en opulence ont été extrêmement rapides. Plusieurs d'entr'elles dans le cours d'un siècle ou deux ont, à ce qu'il semble, rivalisé et même surpassé leur mère patrie. Syracuse et Agrigente en Sicile, Tarente et Locres en Italie, Ephèse et Milet dans l'Asie-Mineure, parvinrent, d'après tous les témoignages que nous en avons, avoir été au moins les égales de quelque ville que ce soit de l'ancienne Grèce.

«Toutes ces colonies s'étaient établies dans des pays habités par des peuples barbares qui cédèrent bientôt la place aux nouveaux colons. Elles avaient de bonnes terres en abondance et comme elles étaient indépendantes de la mère patrie, elles avaient la liberté de diriger leurs affaires de la manière qu'elles jugeaient la plus conforme à leurs intérêts.

« Rome fonda aussi des colonies. Son peuple dans le principe avait reçu les terres par un partage égal. Mais quand, par suite des successions, des mariages et aliénations de toute nature, la possession se fut groupée dans un petit nombre de mains, le peuple demanda de nouveau le partage. On satisfit à son désir d'avoir des terres en faisant des colonies. Mais celles-ci ne furent point libres et elles furent sous la dépendance de la métropole. Aussi il s'en faut bien que l'histoire des colonies romaines soit aussi brillante que celle des colonies grecques. Elles furent toutes établies dans les provinces conquises et dépendantes de Rome, provinces qui n'étaient point complétement barbares et qui le plus souvent avaient été auparavant pleinement habitées. La portion de terre assignée à chaque colon fut rarement considérable, et comme la colonie n'était pas indépendante, elle n'eut pas toujours la liberté de conduire ses affaires de la manière qui lui aurait paru le plus à son avantage.

«Les nations modernes ont aussi fondé des colonies. Elles ont été établies, comme celles de l'ancienne Grèce, sur des terres étendues et peu habitées; elles ont été, comme celles de l'ancien Rome, soumises à la métropole; mais comme elles étaient fondées à des distances énormes de la mère patrie, cette distance rendait la surveillance moins gênante et moins incommode. Elles ont donc ressemblé beaucoup plus à celles de la Grèce qu'à celle de Rome. Il faut en excepter pourtant celles dont la direction fut donnée à des compagnies exclusives qui exercèrent une oppression plus grande encore que celle qu'aurait infligée la mère patrie. »

Si nous passions en revue toutes les colonies fondées dans les Indes occidentales par les nations modernes, on verrait que partout la prospérité à été d'autant plus rapide et plus complète que l'indépendance de la colonie a été plus dégagée de la métropole ou de toute compagnie exclusive substituée aux droits de la métropole.

Nous n'entendons pas par indépendance de la colonie, la liberté donnée aux serviteurs au détriment des maîtres, nous entendons l'indépendance du gouvernement de la colonie vis-à-vis du gouvernement de la métropole, ou le droit acquis à la colonie de former une nation indépendante, nouvelle et complétement maîtresse de ses actions.

Ainsi, pour conclusion dérivant de l'histoire et à laquelle on ne pourrait se soustraire que par des sophismes et des exemples tout-à-fait exceptionnels, nous dirons et l'on admettra que la liberté de diriger leurs affaires comme elles le jugent à propos est la grande source de prospérité de toutes les colonies anciennes et nouvelles. Il est bien sous-entendu qu'il faut aussi que la colonie contienne des terres fertiles et étendues. Car, où il n'y aurait pas de culture et de productions possibles, à quoi servirait le droit de produire et de se gouverner comme on l'entend.

Eh bien ! que fait la France en Algérie. Fonde-t-elle une colonie. Appelle-t-elle une partie de ses enfants, cette partie qui ne possède pas à un partage de terres en Afrique. Leur dit-elle de se créer des institutions conformes à leurs désirs et aux besoins de leur prospérité. Leur dit-elle de choisir leurs chefs parmi les colons, de se faire une magistrature à leur gré, de fonder enfin une nouvelle patrie indépendante ?

Pendant dix-huit ans elle n'a rien fait de tout cela. D'une part elle a donné des terres à quelques hommes déjà privilégiés de la fortune. D'un autre côté, au lieu de coloniser par ses enfants, elle a voulu coloniser par la civilisation d'un peuple barbare. Au lieu de refouler les barbares dans le désert et d'appeler ses fils au partage et à la culture des terres, elle a essayé de civiliser les indigènes et n'a appelé ses fils que pour verser leur sang au service de cette civilisation sans utilité immédiate pour la mère patrie. Au lieu de laisser la colonie se donner des lois elle lui impose les siennes. Elle veut, chose inouïe et qui sera incomprise dans les âges futurs, elle veut donner les lois d'un peuple vivant sous la latitude tempérée de la France à un peuple vivant sous la latitude brûlante de l'Afrique. Elle envoie là des juges, des procureurs, des avoués, des avocats des tribunaux français, des administrateurs dépendant du Conseil d'état. Elle veut qu'un procès, qu'une querelle des hommes du midi, se règle avec autant de formalités et de lenteur que chez les hommes du nord ; elle veut figer le sang dans les veines de ses colons et elle veut que ses colons vivent !

Si ce ne sont des tribunaux de France qui jugent les affaires des colons, ce sont des tribunaux militaires ; c'est la loi militaire de France qui est aussi la loi de la colonie. On ne peut rien faire sous le soleil ardent et vivifiant de la colonie sans attendre les ordres qui émanent des lenteurs de la métropole. Il faut attendre que MM. les ministres règlent leurs conflits d'attributions avant de commencer à régler les affaires de la colonie et il faut ensuite le temps de traiter celles-ci, et, pendant que ce temps s'écoule, les choses changent de face, et les autorisations de la métropole deviennent inutiles.

Quel est le citoyen français qui aurait l'espérance de fonder un établissement prospère en Algérie, s'il est soumis aux caprices de la métropole ? Et, s'il entrait un jour dans la politique de la métropole de rendre l'Algérie, l'intérêt des colons serait donc abandonné ! On leur donnerait peut-être une indemnité comme à ceux de la Martinique ; nouvelle cause de ruine pour la métropole.

Il faut donc que la colonie s'appartienne.

Déclarez que l'Algérie est un pays libre ; Que tout français qui veut de la terre y recevra une part convenable de sol fertile ; Que la société coloniale fera ses lois et choisira son gouvernement ; Que seulement la métropole entretiendra pendant dix ans, plus ou moins s'il le faut, une armée pour garder la frontière algérienne ; qu'elle retirera ses troupes aussitôt que la colonie pourra avoir elle-même une armée qui lui sera propre, et nous verrons accourir en Algérie tous ceux qui brûlent de posséder. Nous y verrons accourir aussi ceux qui sont dévorés de l'ambition de gouverner la société.

On objecte que les hommes qui troublent la France par le désir qu'ils ont de lui faire accepter des idées nouvelles, que les chefs socialistes enfin n'iraient plus dans la colonie. — Cela est possible ; mais les hommes dépourvus de tout, ces hommes qui s'enrégimentent dans le socialisme, qui forment la milice des chefs socialistes, parce qu'ils ne possèdent pas, se précipiteraient en Algérie. C'est là un fait qu'on ne peut plus contester depuis l'essai du ministre Lamoricière, quoique cet essai soit incomplet. Ils iront tous, et dès lors les chefs socialistes seront sans milice et par conséquent sans force ;

mais le départ des colons ne sera un soulagement pour la métropole, qu'autant qu'ils prospéreront en Algérie ; qu'ils y seront plus heureux qu'en France ; et ils n'y prospéreront, ils n'y seront heureux qu'autant qu'ils y seront libres et indépendants de la métropole, qu'autant qu'ils pourront s'y faire un gouvernement et des lois appropriés au climat et au sol, et au tempéramment qu'ils y acquerreront sous une latitude brûlante.

Une fois propriétaires et indépendants ils deviendront aussi ardents sectateurs du système de la propriété que leurs chefs en sont aujourd'hui les détracteurs passionnés. Nous ne voulons pas dire pour cela que la colonie marcherait absolument sans entraves ; qu'elle n'aurait pas aussi ses débats, ses crises et ses jours néfastes, cela serait impossible ; mais du moins elle n'aurait que les siens, puisqu'elle serait libre et indépendante des erreurs, des agitations, des secousses, des lenteurs et des indécisions de la métropole.

Nous avons démontré, nous le croyons du moins, que le côté pratique et matériel de la solution sociale est dans la fondation en grand de colonies prospères ; nous avons démontré que la fondation des colonies ne pouvait être prospère qu'à la condition de les déclarer, dès l'origine, indépendantes de la métropole, avec cette autre condition cependant de les protéger, dans leurs premiers pas, contre les agressions du dehors sans se mêler en rien de leurs débats intérieurs. Nous avons fait voir que la France avait omis d'entrer dans cette voie, et nous allons examiner maintenant si elle peut la parcourir.

Les colonies fondées dans les temps anciens et modernes sont dues à des peuples ayant vécu les uns sous un pouvoir monarchique, les autres sous un régime républicain. Leur création ne dépend donc pas de telle ou telle forme de gouvernement de la métropole ; mais il est évident qu'elle doit dépendre de la prospérité de la métropole. C'est pendant que celle-ci est forte et puissante, pendant qu'elle est dans l'éclat de toute sa splendeur, qu'elle doit fonder des colonies, et elle ne doit pas se lasser d'en fonder tant que son peuple croît en nombre, en grandeur et en richesse. Si elle a laissé passer ce moment et si elle a laissé arriver le commencement des guerres civiles que la colonisation a pour but de prévenir, il faut qu'elle fasse un effort désespéré pour fonder ses colonies. Cette tâche est d'autant plus facile à la France, qu'elle possède déjà la terre conquise, l'Algérie, qu'elle possède de puissants moyens de transport, la marine nationale et la marine marchande inoccupées, qu'elle possède une armée établie sur le terrain conquis et capable d'en garder les frontières.

Quelque facile qu'il soit d'entrer dans cette voie il faut cependant pour y entrer avec succès une volonté suivie et une attention sérieuse. Rien ne se fait sans ces deux qualités indispensables.

Mais les hommes qui depuis longues années se sont disputé chez nous le gouvernement, n'ont eu de volonté suivie et d'attention sérieuse que pour leurs luttes politiques.

Qu'il nous soit permis d'entrer à ce sujet dans quelques explications.

Les peuples sauvages ou barbares prennent en général pour chefs les hommes les plus forts et les plus renommés par leur vaillance dans les combats. Les nations civilisées aiment à avoir à leur tête des hommes supérieurs par leur intelligence et leur instruction. En général, l'homme n'aime pas la domination et son orgueil ne l'accepte que de la part de celui auquel il reconnaît une supériorité réelle. Cette supériorité gît, pour les peuples civilisés, dans la plus grande intelligence et la plus grande instruction possibles.

Ces qualités existent très-certainement dans les hommes qui ont été appelés à nous gouverner depuis longtemps et dans ceux qui nous gouvernent aujourd'hui. Mais la supériorité humaine, quelque grande qu'elle soit, n'est jamais que relative. Ils sont hommes supérieurs par rapport à nous ; mais comparés entr'eux ils n'ont plus de supériorité les uns sur les autres. Ils connaissent le fort et le faible de leurs moyens réciproques. Eh bien, au lieu de s'étayer les uns par les autres, de combler par la science des uns ce qui manque à la science des autres, ils emploient la puissance des uns à combattre les efforts des autres. Ils consument en luttes stériles le temps et l'argent que le peuple leur donne pour faire ses affaires.

Aujourd'hui ils parviennent à entraîner le peuple dans leurs débats passionnés. Ainsi, les chefs socialistes ont leur milice, les légitimistes ont leurs croyants, la classe moyenne a ses sectateurs éclairés et intéressés, partagés en Orléanistes, en Bonapartistes et en Républicains modérés. Mais si, un jour, le peuple fatigué du spectacle de ces luttes, énervé dans son travail, placé dans l'impossibilité de se créer des moyens de vivre, demande un compte sévère de leur conduite aux classes intelligentes qui gouvernent avec des tendances si diverses, qui dirigent le vaisseau vers l'abîme, que répondront-elles? Si le peuple irrité renverse ceux qui lui ont demandé d'être élevés sur le piédestal, en promettant l'organisation, que répondront-ils? S'il demande compte aux uns de l'emploi de leur instruction, aux autres de l'emploi de leur fortune, que répondront-ils? Quand on leur dira qu'ils ne doivent cette instruction, cette fortune qu'à l'observation, par le peuple tout-puissant, du contrat social et qu'ils en ont mal usé, que répondront-ils?

La voix du peuple grandira alors comme la voix de Dieu et les classes riches et puissantes comprenant enfin qu'elles ont abusé de toutes choses sur la terre céderont la place à un peuple neuf qui refondra le monde.

Les maux qui adviendront de son inexpérience seront inouïs et la pensée seule en est pleine d'épouvante et de douleurs; mais le peuple aimera mieux les souffrances qui naîtront de ses combats étourdissants que les privations qu'il endurerait en restant patient et tranquille spectateur des luttes des classes supérieures, luttes qui l'affament et le démoralisent.

Ces classes seront heureuses alors si le peuple consent à créer pour elles les colonies qu'elles oublient de créer pour lui; s'il veut faire, pour leur donner des débouchés extérieurs, les efforts qu'elles négligent de faire pour lui.

Les classes élevées, au lieu de donner aux classes pauvres des terres à cultiver dans les colonies, leur faire une patrie nouvelle et prévenir ainsi les crimes enfautés par la détresse et les besoins, emploient les répressions et les réclusions qui irritent et ne guérissent pas.

Quelques réformateurs ont voulu améliorer notre situation en rappelant le crédit et pour rappeler le crédit, ils ont voulu fonder un papier-monnaie. Mais le crédit, c'est la terre. L'argent que le crédit fait circuler de main en main ne sort de celles du capitaliste qu'hypothéqué sur la terre. Il représente la terre. Le papier représente la terre. L'argent, le papier, les marchandises n'ont de valeur que parce qu'on peut les échanger pour de la terre ou pour des produits de la terre. Donnez donc de la terre à cultiver et non du papier à déchirer. Refoulez donc les Arabes dans le cœur de l'Afrique et partagez la terre d'Algérie aux ouvriers malheureux.

En donnant à celui qui n'a rien, du papier-monnaie ayant cours forcé, le réformateur veut procurer aux malheureux le moyen d'avoir de la terre ou les produits de la terre pour du papier sans valeur. Mais de deux choses l'une, ou le papier sera refusé et alors le moyen sera manqué, ou il sera accepté et alors le réformateur aura dépouillé le citoyen qui a de la terre au profit de celui qui n'en a pas. Eh bien, allez au-devant de ce moyen extrême en donnant à l'ouvrier la terre que la nation a conquise sur des étrangers barbares, conquête pour laquelle les classes pauvres surtout ont versé leur sang.

Les classes élevées comptent avec assurance le nombre de leurs adhérents et le comparent au 350,000 socialistes du 10 décembre 1848. Mais il n'y avait pas 1,000 socialistes il y a trente ans, et je trouve que la progression est effrayante, et que la misère dans laquelle nous entrons peut l'accroître avec une rapidité prodigieuse. Chaque million d'hommes dont s'augmente la nation, apporte un contingent nouveau à ceux qui sont privés de leur place sur la terre.

Donnez donc des places nouvelles à ces nouveaux hôtes et donnez-leur aussi la liberté de se gouverner ; dussent-ils même se gouverner avec certaines doctrines socialistes que vous avez laissé grandir parmi eux.

Et si pendant que vous luttez, sur les marches du pouvoir, de talent et d'énergie, si pendant que vous faites des discours dignes de notre admiration, si pendant que d'une main vous vous disputez le gouvernement, que nous laissons à votre discrétion, vous nous donniez du moins de l'autre main, la terre de la conquête, les débouchés de la conquête, si vous nous jetiez en Afrique pour fonder une nation amie; eh bien, vous auriez, malgré vos querelles, sauvé la France et il vous serait donné longtemps encore de discuter sur les formes du meilleur gouvernement. Mais, croyez-le bien, la forme du meilleur gouvernement d'un peuple n'est pas la vie d'un peuple. La forme du gouvernement peut améliorer la vie quand le principe de la vie existe; mais elle ne peut pas la donner quand le principe n'en existe pas ; eh bien, le principe de la vie, c'est la terre : Donnez donc de la terre au peuple pour lui donner le principe de la vie et vous discuterez ensuite quelle est la forme du gouvernement qui peut le mieux ordonner les détails et la tranquillité de la vie.

Le principe de la vie n'existe pas en France puisque la moindre secousse met en problème l'existence des ouvriers. Donnez-nous donc le principe de la vie avant de nous donner les meilleurs moyens d'en diriger l'exercice.

Le peuple n'est pas aussi instruit que les classes qui gouvernent ; mais il est assez instruit pour juger leurs œuvres. Moins préoccupé de son travail, puisque le travail s'est ralenti, excité par la crainte du lendemain, il a le temps d'observer avec pénétration leur marche ; et, le jour où les fautes accumulées l'auront mis aux prises avec la nécessité, il comprendra qu'on n'a pas fait tout ce qu'il fallait, et ce sentiment sera pour lui un entraînement suffisant pour se ranger sous la bannière de ceux qui lui promettent une condition meilleure et qui s'appellent socialistes.

V.

INCONVÉNIENTS DES COLONIES.

La colonisation n'est pas sans inconvénients apparents. Le peuple venant à diminuer par les migrations, la main-d'œuvre augmente ; la main-d'œuvre augmentant, les produits manufacturés coûtent plus cher ; ceux-ci coûtant plus cher, le propriétaire dépense plus pour obtenir la même quantité de produits ou de jouissances. D'un autre côté, la population diminuant, le propriétaire vend ses denrées moins cher, par conséquent le propriétaire perd par l'émigration : 1° parce qu'il vend moins facilement et moins cher ses produits agricoles ; 2° parce qu'il achète plus cher les produits manufacturés. De plus, la main-d'œuvre coûtant plus cher au manufacturier il est moins en état de faire la concurrence aux manufactures des pays où la main-d'œuvre est moins chère. Mais le système des prohibitions apporte là un tempérament.

Si au contraire la population croît en nombre, la concurrence fait diminuer la main-d'œuvre et les produits de l'agriculture sont vendus plus cher. Dans ce cas le propriétaire vend ses denrées plus cher et achète moins cher les produits manufacturés. Il est donc plus riche et peut jouir davantage par le luxe. D'un autre côté le peuple qui est obligé par la concurrence de se faire payer moins cher, est obligé d'acheter sa nourriture plus cher. Il est vrai que ses vêtements lui coûtent moins, mais la nourriture, la vie coûtent plus cher.

Ainsi dans le système de la diminution du peuple par les migrations, le propriétaire perd et si les migrations étaient poussées à l'extrême, il serait ruiné, parce qu'il ne trouverait pas de bras pour cultiver la terre.

Dans le système contraire de l'augmentation du peuple par la non colonisation, le propriétaire gagne, mais le pauvre devient plus pauvre, et, en poussant le système à l'extrême, il peut arriver au dénûment le plus complet et par suite à l'insurrection.

Il y a donc un milieu à prendre. Quel est-il ?

Il serait impossible de le calculer théoriquement par avance ; mais la pratique des faits peut dans chaque cas le faire connaître.

Ainsi, en France par exemple, on pourrait considérer que les 350,000 socialistes sont en grande majorité des ouvriers menacés de la misère, et qu'ils devraient être gratifiés de terrains dans les colonies. Ils doivent former avec leurs familles, en comptant cinq personnes par famille, y compris les vieillards et les enfants, un nombre de 1,750,000 personnes.

Puisque nous ne sommes point menacés d'un envahissement des puissances étrangères, puisque nous ne conservons une armée de 500 mille hommes que pour faire face aux révolutions intérieures dont nous menace le socialisme, l'armée des anti-socialistes serait inutile quand la milice des socialistes, devenue propriétaire en Afrique, serait anti-socialiste elle-même. On pourrait donc supprimer 300 mille hommes à notre effectif militaire. Ces 300 mille hommes donnent une économie de 300 millions qui une fois payés suffiraient pour fonder la colonie ; tandis qu'en conservant les 300 mille socialistes, il nous faut conserver les 300 mille soldats de l'anti-socialisme ; de sorte que nous sommes obligés : 1° de stipendier par des secours les 300 mille socialistes ; 2° de stipendier comme soldats les 300 mille hommes de l'armée. C'est donc deux troupes ennemies que nous nous complaisons à entretenir en face l'une de l'autre.

La fausseté de cette manœuvre gouvernementale est si évidente, le remède à y apporter est si simple que nous nous demandons comment on ne le voit pas. Serait-ce que nous nagerions en plein dans l'absurde et que nous serions aveugles ; ou bien serait-ce que nos hommes d'état sont constamment distraits par leurs querelles politiques.

Ce n'est ni l'un ni l'autre sans doute, mais c'est que nous appartenons à cette classe d'utopistes qui voient bien les théories dans leur beauté et qui ne voient pas les applications dans leurs difficultés. Oui sans doute, c'est cela. Oui sans doute, la fondation des colonies contient des difficultés pratiques insurmontables. Est-ce qu'on a jamais fondé des colonies ? Est-ce que tous les récits de l'histoire à ce sujet ne sont pas des fables ? Où donc avons-nous pris les citations historiques que nous avons données ? Dans des rêves sans doute et non dans la réalité. L'histoire n'est qu'une fable et la colonie n'est qu'un mythe. Une colonie égyptienne a fondé la Grèce, Fable !..... Des colonies grecques ont fondé la Sicile et l'Asie-Mineure ? Fable !... Diverses colonies de l'Europe ont fondé la plus grande nation du monde, les Etats-Unis ? Fable ! Fable !!... Il n'y a de vrai que la décadence, le démembrement et la destruction des Empires, et nous marchons fatalement vers un abîme pareil.

En admettant même que ces colonies aient existé, serait-il vrai que les plus florissantes furent celles qui étaient indépendantes de la mère patrie ? Et sans rappeler toutes celles que nous avons citées, les Etats-Unis n'auraient-ils pas perdu leur véritable grandeur à dater du jour de leur indépendance ? Ne serait-ce pas aussi à dater du jour de leur indépendance qu'ils auraient été infructueux pour la mère patrie ?

VI.

CONCLUSION.

Nous en avons dit assez. Si la vérité sociale est dans cet écrit c'est qu'elle est dans l'histoire ; et si elle n'est pas dans l'histoire où les hommes la trouveront-ils ? Dans leur génie peut-être ! Il ne manquerait plus que cet orgueil à leur faiblesse. Dans la religion peut-être ! Dieu accepte nos prières ; il nous a promis par elles l'accès à une vie meilleure dans un monde meilleur ; mais il n'a jamais dit que la prière nous dispenserait des soins et soucis de ce monde imparfait. Dans quelques-uns des systèmes politiques que nous expérimentons depuis 60 ans !...Ni la monarchie ni la république ne suffiront comme système pour multiplier les produits de la terre ou les débouchés des manufactures, si nos gouvernants sous l'une comme sous l'autre ne s'appliquent à les donner.

Nous ne voulons nier ni quelque puissance au génie de l'homme, ni la puissance infinie de Dieu, ni la bonne volonté des gouvernants. Mais en présence d'une difficulté matérielle sérieuse nous appelons une solution pratique et sûre : fonder une ou plusieurs grandes colonies indépendantes de là métropole.

Voudrions-nous prétendre que le gouvernement qui aura fondé une colonie florissante aura fait assez et qu'il pourra s'arrêter dans son travail, s'arrêter dans sa marche, goûter les joies du triomphe et s'endormir dans les douceurs d'un éternel repos ? Non sans doute. Il ne suffira pas de fonder des colonies pour sauver la patrie ; mais on ne sauvera pas la patrie sans cela. C'est une condition nécessaire, mais non suffisante ; c'est une condition sans l'accomplissement de laquelle toutes les autres institutions seront inpuissantes, mais qui ne dispense pas le gouvernement de l'exercice et de la progression des lois, ainsi que des soins ordinaires qui sont à sa charge.

P. B.

TABLE.

Bayeux.-Imprimerie de Sᴛ-Aɴɢᴇ DUVANT fils et Cᵉ.

33